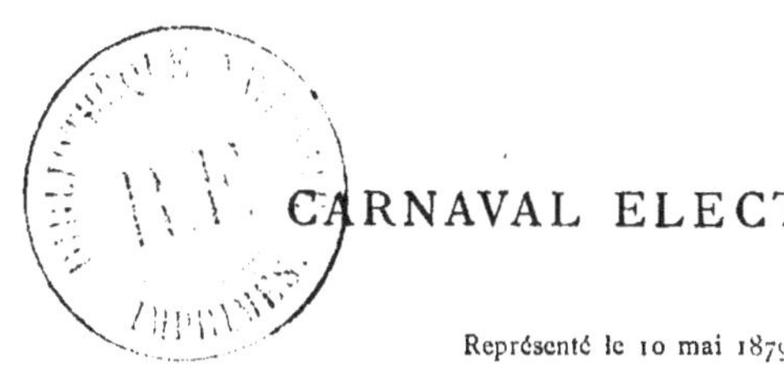

CARNAVAL ELECTORAL

Représenté le 10 mai 1879

PUPAZZI POLITIQUES

CARNAVAL ÉLECTORAL

COMÉDIE-VAUDEVILLE

EN DEUX ACTES ET TROIS TABLEAUX

PAR ELOMIR ASTRUC

BORDEAUX

IMPRIMERIE G. GOUNOUILHOU

11, rue Guiraude, 11

1879

PUPAZZI POLITIQUES

CARNAVAL ÉLECTORAL

COMÉDIE-VAUDEVILLE

EN DEUX ACTES ET TROIS TABLEAUX

Piano : ouverture de *Guillaume Tell.*

L'AUTEUR.

C'est un fameux mandat que d'être député
D'un beau département et d'une grande ville;
Aussi ce noble honneur, à Carpentras, à Lille,
A Marseille ou Lyon, est-il fort disputé.
Or, je vais raconter, en bornant là ma tâche,
L'homérique combat que trois fiers champions,
Pour obtenir la palme à nos élections,
Se livrèrent entre eux, sans merci ni relâche.
Je ne veux pas, Messieurs, pour ce charmant tableau,
Prendre mille détours ni le geste oratoire,
Comme on fait au Palais. — Je commence l'histoire,
Et sans frapper trois coups, je lève le rideau.

PREMIER ACTE

La scène représente le cabinet de lecture du Cercle national.
Table de journaux. — Lustre.
(Air grave de piano.)

—

PREMIER TABLEAU

Le Général SAHUQUÉ, MÉTADIER, MAZEAU, PORTES, VITAL, EMBOURBÉS, FAVRE DE VIEUNÈGRE.

LE GÉNÉRAL SAHUQUÉ.

Cher docteur, votre main; vous faites œuvre pie
Que de vouloir siéger à notre Parlement.
Depuis qu'a disparu le regrettable Mie,
Mon cœur est torturé, je vous en fais serment,
De voir ainsi Bordeaux livré sans espérance
A des hommes muets, à des hommes de rien,
Qui promettent beaucoup et ne font jamais bien!

MÉTADIER.

Vous avez bien raison!... La République en France
Ne peut guère durer. Je dis ce que je pense :
En un moment pareil, le Corps électoral
Doit rechercher partout un homme radical.

PORTES (voix ténébreuse).

Ils me font éclater, ces gens à l'eau de rose.

MAZEAU.

Ce sont des muscadins!

PORTES.

Ne m'en parlez donc pas!

VITAL.

La *Gironde* surtout avec tout son fatras,
Son Chapon, son Ténot et la pesante prose
D'André Lavertujon.

EMBOURBÉS (voix de basse).

La *Victoire* vaut mieux!

(Accord de piano.

LE GÉNÉRAL.

Mais dix fois! cent fois mieux! la *Gironde* est perdue!
Avec Gilbert Martin, écrivain sérieux,
Nous allons lui donner un bon coup de massue.

VITAL.

Je n'en suis pas fâché!

MÉTADIER.

Vous savez, cher ami,
Qui lui vend son papier?

VITAL.

Des réactionnaires!
Je le sais pardieu bien!

MÉTADIER.

Pour vous j'en ai gémi!

VITAL.

Je vends pourtant moins cher que les dépositaires;
J'ai fait un fort rabais d'un franc les cent kilos.

MÉTADIER.

C'est vraiment fabuleux!

EMBOURBÉS (voix de basse).

Vous avez la *Victoire!*

(Accord de piano.)

MÉTADIER.

Vital vend bon marché... Vital ne vend qu'en gros!

VITAL.

En gros et en détail.

MÉTADIER.

C'est à ne pas y croire!

VITAL.

La *Gironde,* Messieurs, veut tout accaparer!
Chez elle les amis n'ont rien à espérer.

MÉTADIER.

Ils sont vindicatifs, témoin l'*Indépendance,*
Dont ils n'ont pas voulu souffrir la concurrence.

MAZEAU.

Cette feuille pourtant était bien modérée!

EMBOURBÉS (voix de basse).

La *Victoire* vaut mieux!...

(Accord de piano.)

PORTES.

C'était de l'eau sucrée!

LE GÉNÉRAL.

Massicault, vous savez, est un bon diable, au fond!
Mais il est mou! fort mou! Quand je vais à Limoge,
Il me fait constamment monter jusqu'au plafond.
Ah! si j'étais préfet...

MÉTADIER.

Attendez qu'il déloge!
Si je suis député, j'aurai son changement
Et j'obtiendrai pour vous son gros département.

PORTES.

C'est d'autant mérité qu'en ce moment critique,
Les vins vont bien plus mal que notre politique.
Les droits sont écrasants!...

MÉTADIER.

Je les supprimerai.

VITAL.

Et l'impôt des papiers! et sur l'encre graphique!

LE GÉNÉRAL.

Et le phylloxera!

MÉTADIER.

Je vous le guérirai!...

LE GÉNÉRAL.

Le droit de pavillon, l'impôt sur les liquides,
L'absinthe et l'alcool, la liqueur Barth ou non.

MÉTADIER.

Il faut tout supprimer!...

EMBOURBÉS (voix de basse).

L'octroi sur les acides.

LE GÉNÉRAL.

Le Bordeaux en barrique ou le vin en canon.

MÉTADIER.

De l'impôt, chers amis, il faut changer l'assiette.

LE GÉNÉRAL.

En France pouvons-nous même nous éclairer?
On va jusqu'à taxer la vulgaire allumette.

EMBOURBÉS (voix de basse).

Les voitures, les chiens, les ciments!

(Accord de piano.

FAVRE DE VIEUNÈGRE.

Le loyer!

MAZEAU.

Tous ces maux ne sont rien! Ah! la magistrature!
Voilà, mon cher docteur, ce qu'il nous faut changer.

PORTES.

Ce sont tous des vendus!

LE GÉNÉRAL.

C'est de la pourriture!

EMBOURBÉS (voix de basse).

La *Victoire* vaut mieux!...

(Accord de piano.)

MAZEAU.

Jusques chez l'étranger
On méprise tout haut ces suppôts de l'Empire.

FAVRE DE VIEUNÈGRE.

Quand je lis tous ces noms, mon âme se déchire!

MÉTADIER.

Il faut, à l'avenir, des magistrats élus.

FAVRE DE VIEUNÈGRE (s'emportant crescendo).
(PIANO : dernière phrase, *Calomnie*, du *Barbier de Séville*.)

Métadier a raison, c'est là le bon principe,
C'est le vrai sentiment de notre ami Reclus!
L'équilibre des lois, la solidarité;
A bas le droit divin, comme dit Hégésippe!
Justice, amour, travail, surtout la liberté.
Les principes, Messieurs, — Messieurs, la vérité!
Lisez Victor Hugo, Proudhon, le grand Voltaire.

LE GÉNÉRAL.

Ah! le voilà lancé.

FAVRE DE VIEUNÈGRE.

Voulez-vous bien vous taire!

LE GÉNÉRAL (s'échauffant).

Vraiment, on ne peut plus placer son petit mot!
La parole est à moi.

FAVRE DE VIEUNÈGRE.

Comme à moi, Vieille Branche.
A parler de Proudhon, il faut que je m'épanche.

LE GÉNÉRAL (avec emphase).

J'abhorre les bavards.

FAVRE DE VIEUNÈGRE.

Vous parlez comme un sot!

LE GÉNÉRAL.

Et vous comme un toqué! superbe économiste!

FAVRE DE VIEUNÈGRE.

De grâce, général! soyez moins insolent!

LE GÉNÉRAL (avec colère).

Avec tous vos auteurs, nous perdons notre piste!...
(Avec autorité.)
Il faut nous occuper de notre Parlement.

MÉTADIER (caressant Favre).

C'est là, mon cher ami, le seul but du moment!

PORTES (voix funèbre).

(PIANO : trémolo.)
On parle de Blanqui!

LE GÉNÉRAL.

De Blanqui, providence!
Mais ils sont enragés tous nos gens des Chartrons!
Quand ils ont Métadier! Ils auraient la démence
De vouloir déterrer, dans le fond des prisons,
Ce cadavre ennemi de notre paix publique
Qui conspira vingt fois, le pistolet chargé,
Contre les Rois, l'Empire ou bien la République,
Et qui n'est, à mes yeux, qu'un vulgaire insurgé!...

MÉTADIER.

Le danger n'est pas grand, c'est quelques voix perdues!

MAZEAU (avec finesse).

Blanqui peut, je le crois, plus tard servir nos vues.
Les huit cents voix, au plus, qu'il pourrait obtenir,
Viendront de Métadier augmenter les recrues.

MÉTADIER (avec emphase).

Vous êtes, cher ami, le ministre à venir,
Vous possédez, je crois, le vrai sens politique.
C'est moi qui vous le dis, Raynal peut se sauver !
Oscar ! vous ressemblez à la sibylle antique,
Vous voyez d'un coup d'œil ce qui doit arriver.

MAZEAU (dédaigneux).

Il aura neuf cents voix ! c'est tout le bout du monde,
Leur André quinze cents, malgré dame *Gironde*.
Quant à ce bon Bernard, rempli d'illusion...
Il se rendra bientôt à ma discrétion.

VITAL.

Ce jeune Poitevin à la mine orgueilleuse,
Ayant en son pouvoir instrument d'avocat
(Une langue, en un mot), machine merveilleuse
Plus à craindre en nos mœurs qu'un sabre de combat,
Me semble tout rempli d'une mâle espérance.

MAZEAU (avec mépris).

Bernard est, cher Vital, dépourvu d'éloquence.

MÉTADIER (tristement).

Pour moi, je suis inquiet, André Lavertujon
Est l'oncle de Bernard. Si par cette alliance
Ils allaient lâchement me traiter en pigeon,
Et se passer tous deux leurs voix au ballottage!

VITAL.

J'en suis bien convaincu.

MAZEAU.

Laissons ce parentage.
Regardons en avant le chemin glorieux
Ouvert à l'horizon!

LE GÉNÉRAL (enthousiaste).

Soyons victorieux!

FAVRE DE VIEUNÈGRE.

Ah! quel regret pour moi, je ne vote qu'à Bruge.

LE GÉNÉRAL.

A Bruge ou le Bouscat! chez le sieur Desmaison?

FAVRE DE VIEUNÈGRE.

(Trémolo.)
De ce nouvel affront, Mazeau, je vous fais juge.
(A Sahuqué.)
Messieurs, soyez témoins! Vous me rendrez raison.
Je ne puis supporter une pareille injure.

LE GÉNÉRAL.

(Trémolo.)

Demain! quand vous voudrez! soit à pied, à cheval,
Au briquet, au canon, en ballon, en voiture,
Nous nous alignerons.

MÉTADIER (frappant l'épaule de Sahuqué).

Calmez-vous, général.

FAVRE DE VIEUNÈGRE (avec colère).

Vous troublez tout le monde au Cercle national!...
Métadier! Je vous plains! sous un tel patronage,
Vous perdrez mille voix, c'est moi qui vous le dis.
Je pars!

LE GÉNÉRAL.

Bonsoir! ouf! ouf! Je suis en paradis.
De ce poids assommant mon grand cœur se soulage!

VITAL (rire de catharreux).

Ha!... vous pouvez parler!

MÉTADIER.

Cher Vital, soyez sage.
(Gravement.)
Vous serez tous les cinq mes conseillers secrets.

MAZEAU (inquiet).

(Trémolo.)

Messieurs, voici Bernard, retirons-nous muets.

LE GÉNÉRAL (avec chaleur).

(Trémolo.)

Je pars pour combiner notre plan de campagne.

EMBOURBÉS (avec emphase).

(Trémolo.)

Que le dieu du scrutin l'inspire et l'accompagne!

(PIANO : *Chant du Départ.*)

(Bernard entre le front baissé. — La toile baisse.)

FIN DU PREMIER ACTE.

DEUXIÈME ACTE

RÉUNION PUBLIQUE A LA SALLE SAINT-PAUL

BUREAU : MAZEAU, LE GÉNÉRAL SAHUQUÉ, PORTES et TOUCHET

(Tribune au fond. — Galeries garnies de public. — Lustre à bougies.)
(Ouverture de piano.)

DEUXIÈME TABLEAU

MAZEAU, LE GÉNÉRAL SAHUQUÉ, KRELLER, BERNARD, ADAM, PORTES, EMBOURBÉS, FAVRE DE VIEUNÈGRE, TOUCHET, VITAL, TOUNORD, EL TENORINO, UN ÉLECTEUR, UN OUVRIER, LE PUBLIC.

MAZEAU (lentement).

De nombreux électeurs ont conçu la pensée,
A leur gré, de choisir le nouveau député;
Tel est, chers citoyens, l'objet de l'assemblée,
Le but que s'est fixé le central comité!
(On applaudit.)
Il faut deux assesseurs!

LE GÉNÉRAL.

Deux hommes de courage!

MAZEAU.

Un secrétaire!..... Enfin, il faut un président!

LE PUBLIC (criant).

Eyquem! Mazeau! Douaud! Adam! Guépin!

TOUCHET (feignant d'être appelé).

Présent!

KRELLER (gasconnant).

Les mêêêêmes.

LE PUBLIC.

Oui!... Non!... Oui!... Non!...

LE GÉNÉRAL (criant).

Quel tapage!

MAZEAU.

Citoyens! grand merci de ce suprême honneur,
Je saurai diriger, sans faiblesse et sans peur,
Les augustes débats des trois candidatures!

LE PUBLIC.

Cinq!

EMBOURBÉS (gravement).

Trois!

LE PUBLIC.

Six! Sept!... Bernard! Eyquem!

COUNORD (dans un fauteuil).

Lavertujon!

LE GÉNÉRAL.

Métadier!

LE PUBLIC.

Roche! Non! Non! Blanqui!

MAZEAU.

Trois sont sûres!
Il faut que nous sachions nous mettre à la raison.

LE PUBLIC.

Jouffre!... Blanqui!

MAZEAU.

Silence! au nom du Ciel, silence!
Tout le monde, Messieurs, opine en même temps.

LE GÉNÉRAL.

Calmez donc votre ardeur!

EL TENORINO (à la cantonade).

Nous sommes au printemps!

MAZEAU.

Voulez-vous de Bernard réclamer la présence?

LE PUBLIC.

Le sort! Tirons au sort!

UN OUVRIER.

Lé loto démandé.

MAZEAU.

Messieurs! c'est infernal!

(Il sonne.)

ADAM (en habit).

On veut la courte paille!

MAZEAU.

Citoyens! citoyens!

PORTES (voix funèbre).

Ce bruit est commandé!

LE GÉNÉRAL.

Il est ici, Messieurs, une foule canaille,
De vauriens! De vendus! du sieur Lavertujon.

MAZEAU.

Qui viennent nous troubler!

LE PUBLIC.

A l'ordre! Chut! A l'ordre.

MAZEAU.

Qui viennent pour troubler cette réunion!

LE GÉNÉRAL.

Nous sommes décidés à vaincre le désordre!

(Bruit! — Mazeau sonne. — PIANO : trémolo.)

MAZEAU.

Nous le ferons, Messieurs, sans peur et sans trembler.
Ces cris et ces clameurs ne peuvent que troubler
Les divers orateurs! Je donne la parole
Au citoyen Bernard, que le sort a choisi.

LE GÉNÉRAL.

Deux mots.

LE PUBLIC.

Oui! Non! Assez!

MAZEAU.

Tout ce bruit me désole.
Que tout interrupteur, citoyens, soit saisi.

PORTES (voix funèbre).

Et mis incontinent dehors de l'assemblée.

MAZEAU (suppliant).

Laissez donc l'orateur formuler sa pensée.

LE GÉNÉRAL.

Merci, cher Président; je promets d'être bref;
Dans un quart d'heure au plus, j'aurai fini, j'espère.
(Bruit. — On trépigne. — Mazeau sonne. — Le Général attend le silence.)
(Gravement.)
Gounouilhou me reproche un sérieux grief;
Je soutiens Métadier et combats la *Gironde*,
Ce journal sans couleur; journal tyran, immonde,
Qui sur nos volontés veut toujours dominer,
Et qui faisant échec au docteur Métadier
Vient de mettre en avant une candidature...

PORTES (ton impératif, accentuant).

Dont... nous... ne... vou...lons... pas.
(Bruit; on chute. — PIANO : trémolo.)

MAZEAU.

Messieurs, je vous conjure...

LE GÉNÉRAL.

Évitez d'être pris comme un simple goujon.
Laissez dans l'encrier pêcher Lavertujon.
Cet homme est sans valeur, et sa pâle nuance
Ne pourrait convenir à mon tempérament.
Il faut un radical de grande intelligence...
(Bruit. — PIANO : trémolo.)

Prenez mon candidat pour notre Parlement :
Docteur, négociant, un vrai puits de science.

(PIANO : accords.)

KRELLER.

Oh! la! la!

(Bravos. — Trépignements.)

LE GÉNÉRAL.

Repoussez un vulgaire écrivain
Qui, pour nous radicaux, n'est pas républicain.

EMBOURBÉS.

Très bien!

LE PUBLIC.

Assez!

TOUNORD (furibond).

Assez!

MAZEAU (sonnant, s'adresse à Tounord.)

Soyez donc raisonnable.

(Au public, implorant.)

Laissez-le s'expliquer, c'est bien plus équitable...

LE GÉNÉRAL.

Eh bien! changeons de thèse; abordons maintenant
Les impôts, les pavés, le timbre sur facture,
Le gaz et le budget de ce département;

Tous les chefs de bureau restés en préfecture,
Parlons...

LE PUBLIC.

Chut!

LE GÉNÉRAL.

Des soldats de ma chère patrie.
(PIANO : trémolo.)

EMBOURBÉS.

Bravo!

LE PUBLIC.

Assez!... Assez!...

MAZEAU (implorant).

Citoyens, je vous prie...

LE GÉNÉRAL (avec force).

Messieurs, vous le savez, le trois-six allemand...

LE PUBLIC.

Assez!

KRELLER.

C'est idiot... Monsieur le Président...

MAZEAU.

Attendez, citoyen, vous aurez la réplique.

KRELLER.

Mais il parle toujours; c'est vraiment impudique!
(Bruit.)

LE GÉNÉRAL (en colère).

Les trois-six allemands...

(Bruit, sifflets.)

LE GÉNÉRAL (reprenant).

Pénètrent tous en France.
Les meilleurs des esprits, Messieurs, sont en souffrance.

(Bruit. — Trépignements en mesure. — PIANO : forts accords. — Le Général baisse la tête et attend. — Vital apporte un verre d'eau. — Le Général boit, le rond et le salue. Il serre la main à Vital, qui place le verre devant le président.) (1er verre d'eau (1).

TOUCHET (voix aiguë et doctorale).

(PIANO : trémolo.)

Laissez donc l'orateur parler de l'Allemand.
Si vous voulez, Messieurs, gagner beaucoup d'argent...

(On rit. — Applaudissements.)

LE GÉNÉRAL.

Il faut, chers citoyens, qu'à l'avenir tout change.
Rétablissons les droits, faisons du libre-échange.

KRELLER.

C'est vraiment idiot!

TOUNORD.

Quel orateur étrange!

UN OUVRIER (gasconnant).

Supprimez lé crachoir à Monsieur Sahuquet,
Je crois qu'il s'a fichut un bon coup dé pichet.

(Vital apporte un verre de vin ; même cérémonie.) (1er verre de vin.)

(1) Pour obtenir l'effet comique, il faut employer de très grands verres.

LE PUBLIC.

Oui!... Non!...

(On rit. — PIANO : air, *Bacchus à la bouche avinée.*)

MAZEAU (sonnant).

En violant ainsi la bienséance,
Vous allez m'obliger de lever la séance.

LE PUBLIC.

Très bien! bravo! bravo! Bernard! Bernard! Bernard!

(Trémolo.)

EMBOURBÉS.

Non! non! non! Métadier.

MAZEAU (après un instant).

Observons le hasard;
Montez donc, cher Bernard, vous avez la parole.

(Bernard s'approche en hésitant. — Le Général reste à la tribune.)

(2e verre de vin.) Venez, soyez sans peur : je connais bien mon rôle.

(Vital apporte un verre de vin ; même cérémonie. — PIANO : trémolo. — Bernard monte à la tribune, le Général l'embrasse et descend. On applaudit en batterie. — PIANO : trémolo forte.)

LE PUBLIC.

Il pleut!... Bravo! bravo!

(On rit.)

PORTES.

Bernard, à votre tour.

BERNARD (sans respirer).

Mes chers concitoyens, je suis rempli de flammes,
Je brûle pour vous tous du plus ardent amour
Que puisse entretenir la plus chaude des âmes;
J'adore l'ouvrier, et ne veux en ce jour

Que des votes donnés par toute main virile,
Travaillant et le bois, et la pierre, et le fer,
Et non ces doigts armés de cette plume vile,
Qui dans le noir comptoir s'avilit ou se perd
En ne traçant jamais, sur un bulletin de vote,
Le nom d'un radical, le nom d'un patriote.

(On applaudit.)

LE PUBLIC.

Assez! Bravo! Bravo!...

(Bruit. — Accords.)

BERNARD (reprenant).

Mes chers concitoyens,
Avocat agréé, connaissant la pratique
De tout ce qui se fait, j'ai mûri les moyens
D'améliorer le sort de notre République.
Je suis un radical, vos besoins sont les miens,
Et je n'appartiens pas à l'infâme boutique
Qui donna la fortune à des gens parvenus,

(Bravos.)

A Bordeaux ouvriers sans ressources venus.

(On applaudit.)

TOUNORD.

Mais ce sont vos parents!

ADAM.

Devons-nous vous l'apprendre?

TOUNORD.

D'un sieur Lavertujon n'êtes-vous pas le gendre?

BERNARD (en fureur).

Hélas! je le sais bien, mais m'en moque pas mal,
Car je suis avant tout candidat radical!...
(Gravement.)
Mes chers concitoyens, cette ardeur juvénile
Je veux la consacrer à tout votre bonheur,
Je ne faillirai pas à cette œuvre virile,
Je vous en fais serment les deux mains sur le cœur!

ADAM.

Ne l'écoutez donc pas, il n'aime que les femmes.

BERNARD, avec chaleur.

Je méprise, Messieurs, ces mensonges infâmes.
(Gravement.)
Vous ne l'ignorez point! Je suis intransigeant.
Je voudrais qu'on levât pour servir la Patrie,
Le jeune tonsuré qui trouve surprenant
Qu'on puisse l'obliger à manier l'hostie,
L'hostie en même temps que le lourd chassepot.
Je veux! la liberté!

ADAM.

Monsieur, vous voulez trop.

MAZEAU.

Mais respectez au moins celle de la tribune.

BERNARD.

Merci, cher président! oui! je veux tour à tour,
Oui! je veux...

EL TENORINO (chantant; le piano accompagne.)

Cultiver et la blonde et la brune.

LE PUBLIC.

Bis... bis! tenorino! Bravo! le troubadour!

EL TENORINO (reprenant sérieux et chantant).

(PIANO : air de *Joconde*.)

J'ai longtemps parcouru le monde,
Et l'on m'a vu de toutes parts
Courtisant la brune et la blonde,
Aimer, soupirer au hasard.
(Le public applaudit.)
Sémillant avec les Françaises,
(PORTES : Assez.)
Romanesque avec les Anglaises,
(Bravos!)
En tous lieux où j'ai voyagé,
Selon le pays j'ai changé.
(PORTES : Assez.)
En tous lieux où j'ai voyagé,
Selon le pays j'ai changé.
(Bravos!... Bravos!...)
Oui! partout où j'ai voyagé,
(On siffle.)
Selon le pays j'ai changé.
(Bravos répétés.)
Oui! partout où j'ai voyagé,
Selon le pays j'ai changé.
(Trépignements et sifflets.)

LE PUBLIC.

Bis!... Bis!...

LE GÉNÉRAL (criant).

Assez!

TOUNORD.

Bravo!

MAZEAU.

Monsieur! c'est infernal,
Vous vous croyez, sans doute...

PORTES (avec colère).

Au Cercle national.

(2e verre d'eau.) (Vital porte un second verre d'eau. — Bernard le boit, le lui rend et salue. — Vital place le verre devant le Président qui le repousse.)

BERNARD.

Je veux que de l'État l'Église se sépare.

LE GÉNÉRAL.

Qu'au feu des encensoirs, on mèche le canon.

BERNARD.

Que des noirs calotins... La caserne s'empare!
Qu'on arrache Blanqui du sombre cabanon!

(PIANO : accords.)

LE PUBLIC.

Bravo!... Bravo!... Bravo!...

BERNARD.

Car j'aime la clémence!

ADAM.

Laquelle ?

LE PUBLIC.

Joséphine! Anaïs!

ADAM.

Amanda !

(PIANO : accords.)

LE GÉNÉRAL (furieux).

Il faudrait une amende et non des Amanda !

(Bravos. — PIANO : air, *l'Amant d'Amanda.*)

EMBOURBÉS.

La *Victoire* vaut mieux !

(On rit.)

MAZEAU (sonnant).

Mais c'est de la démence !
Vous êtes tous toqués à mettre à Charenton !

PORTES (avec colère).

Ce sont tous des vendus du sieur Lavertujon !
Il faut les fustiger !

FAVRE.

A Barèges ! des douches !

PORTES (accentuant).

Ou bien mettre un bâillon sur ces maudites bouches.

(PIANO : accentuant.)

LE PUBLIC.

Bravo!... Bravo!... Bravo!...

EMBOURBÉS.

La *Victoire* vaut mieux!
(On applaudit et on rit.)

BERNARD (impatient).

Mes chers concitoyens, je reprends... c'est sérieux!

TOUNORD.

Quand on prend du gallon, on n'en saurait trop prendre.

LE PUBLIC.

A la porte, Tounord!...

BERNARD (avec assurance).

Messieurs, je vais reprendre!
Je ne suis pas ému par l'interruption.
(Vidal apporte un troisième verre d'eau. — Même cérémonie.)
(3e verre d'eau.) (Fort.) (Bas.)
Si je suis député!... J'ai cette ambition!

TOUNORD.

Trop!... Oui!... Trop!...

MAZEAU (sonnant).

(A Bernard.)
Chut! Parlez!

BERNARD.

Messieurs, je dois vous dire
Que j'irai dans la gauche! à côté des Spuller,
Des Brisson, des Targé, ennemis de l'Empire!

UN OUVRIER (en gasconnant).

Spiller!... Qu'il nous embête avecque son Spiller!

BERNARD.

Et quoiqu'il en déplaise à mon ami Kreller.

KRELLER.

Je proteste, Monsieur, contre cette épithète.
Nos rapports sont rompus à partir de ce jour,
Où brûlant tout à coup d'une ambition bête,
Vous avez fait au peuple un faux serment d'amour!

MAZEAU.

Kreller, je vous rappelle aux simples convenances!

PORTES.

Vous nous insultez tous! Respectez nos séances!

KRELLER.

C'est bien, je me tairai.

BERNARD (criant).

Monsieur, vous ferez bien...

LE GÉNÉRAL.

(PIANO : air, *Tout n'est dans ce bas monde.*)

Ne vous fâchez donc pas! L'injure n'est pour rien.
Il faut être coulant, en lutte électorale,
Octave. Imitez-moi! Voyez, avec Divin,
J'ai su lui dépêcher, sous forme pastorale,

Le plus charmant poulet, suivi d'excellent vin.
. . . . !
Massicault, embêté !...

LE PUBLIC.

Assez !

UN OUVRIER (gasconnant).

Quellé platine !

LE PUBLIC, criant.

Bernard, parlez !

BERNARD, avec douleur.

Je suis sans cesse interrompu !

LE PUBLIC.

Eh bien donc ! Métadier !

BERNARD, avec colère.

Que Métadier opine,
Je cesse de parler ; Messieurs, je suis rompu.
Mais avant de finir je veux vous dire encore
Que je suis plein de flamme, et d'amour, et d'ardeur,
Que je suis très viril, et que je vous adore,
Qu'enfin, de mon pays je cherche le bonheur.

ADAM.

C'est connu !

TOUNORD (d'un air narquois).

Métadier est toujours sans parole !

BERNARD (avec force).

Je veux citer, Messieurs, les grands vers de *l'Idole,*
Ce chef-d'œuvre immortel du citoyen Barbier,
Puis je cède la place à l'ami Métadier.
(Lentement. — PIANO : trémolo.)
Eh bien! dans tous ces jours de combats et de peine,
D'amère concurrence et d'outrages sans nom,
Je n'ai jamais chargé qu'un être de ma haine,
Ah! sois maudit, maudit, André Lavertujon.

(Bravos prolongés. — Vital apporte un quatrième verre d'eau avec cognac. — Bernard refuse de boire. — Vital insiste, il boit. — Même cérémonie.) (4e verre d'eau.)

LE PUBLIC.

Métadier! Métadier!

KRELLER (à Bernard.)

Quittez donc la tribune.

MAZEAU.

Métadier est-il là?
(Métadier s'avance.)

UN OUVRIER (gasconnant).

Lé docteur réclamé.

MÉTADIER (parlant du nez et de la gorge).

Mes chers concitoyens! Hélas! j'ai l'infortune,
Depuis près de huit jours, d'être fort enrhumé.
Des amis sont venus m'arracher de ma couche
Pour m'amener, ce soir, à cette réunion.
(D'une voix de Stentor.)
Me voilà donc! (Apchoum.)
PIANO : trémolo.)

LE PUBLIC.

Très bien !

(On applaudit.)

MÉTADIER.

Ah ! cet accueil me touche.
Oh ! j'ai beaucoup souffert dans cette élection...
(PIANO : trémolo.)
J'ai pris force tilleul, les pieds dans la moutarde,
J'ai le corps tout garni d'un dur papier Fayard (ap!)
Du cérat plein le nez, et pourtant je hasarde
De venir sous... vos yeux sans crainte et sans retard.
(Bravos prolongés. — Il se mouche.)
Mes chers concitoyens ! vous devez bien comprendre
Que je ne puis parler. . (ap! ap! ap! apchoum!)

TOUNORD (ton aigu).

Alors, pourquoi venir ?

(Bruit.)

PORTES.

Chassez l'interrupteur !

MÉTADIER.

Messieurs, je vais reprendre !

(Il tousse.)

MAZEAU.

Ménagez l'orateur.

TOUCHET (en colère).

(Trémolo.)

C'est vraiment inhumain

(On chute.)

MÉTADIER (toussant).

Vous me connaissez tous. Je suis républicain.
(Il se mouche.)
Et presque Bordelais, enfant de la façade!!

ADAM.

Il est Périgourdin!

EMBOURBÉS (trémolo).

Monsieur, c'est inhumain
Ainsi de tourmenter un homme aussi malade.

MÉTADIER (il tousse).

On m'a vu tour à tour conseiller de Bordeaux... (ap!)
Conseiller géné... (ap!) ral, docteur des hô... pitaux (apchoum

TOUNORD.

Pour renverser Paulet, vous eûtes la *Gironde*.

MAZEAU.

Laissez-le donc parler...

LE GÉNÉRAL.

C'est affreux!

PORTES.

C'est immonde!

EMBOURBÉS.

La *Victoire* vaut mieux!

MÉTADIER.

Je suis libre-échangiste,
Mais je veux qu'on protège, et surtout à Bordeaux,
La marine marchande...

KRELLER.

Ajoutons à la liste
Ce programme épatant...

TOUNORD (riant).

D'un bon économiste.
(On chute. Trépignements, interruptions.)

MÉTADIER.

Je veux changer d'assiette (apchi).

UN OUVRIER (gasconnant).

Et chenger dé couteau.

UN ÉLECTEUR.

Celui de Guillotin!

L'OUVRIER.

Non, célui dé Jeanneau.
(On siffle.)

LE PUBLIC.

A la porte! A la porte!

MAZEAU (sonnant).

Allons, messieurs, silence!
Je vais être obligé de lever la séance.

(Avec douleur.)

Discutons sagement, respectons nos amis,
Ne prêtons pas le flanc à tous nos ennemis.

ADAM (se moquant).

(PIANO : trémolo.)

La *Victoire* vaut mieux!

(On siffle.)

LE PUBLIC.

A l'ordre! à l'ordre! à l'ordre!
A bas les Versaillais!

(Vital porte un cinquième verre d'eau. Même cérémonie — Métadier le rend en éternuant dessus.) (5e verre d'eau.)

MAZEAU (sonnant).

Mais pourquoi ce désordre?...

(Il tousse.)

KRELLER.

Parlez de Gambetta!

MÉTADIER.

C'est un grand citoyen!
Qui sait choisir son heure et choisir son moyen.

TOUNORD (se moquant).

Métadier radical!... Il n'est qu'opportuniste!

MÉTADIER (à Tounord).

Oh! c'est un coup monté!

ADAM (avec fureur).

Vous êtes Gambettiste!

MÉTADIER (avec colère).

Non!

ADAM.

Si! Si!

MÉTADIER.

Non! non! non!

(Il tousse, il se mouche.)

EMBOURBÉS.

(PIANO : trémolo.)

C'est vraiment inhumain
Ainsi de tourmenter un homme aussi malade!

(On rit, on applaudit.)

TOUNORD (air narquois).

Oui, c'est un radical... du jour au lendemain.

LE GÉNÉRAL.

A l'ordre les vendus!

MÉTADIER.

Merci, cher camarade!

MAZEAU.

Je dois flétrir, Messieurs, un semblable moyen.

TOUCHET (à demi voix.)

C'est pour l'embarrasser!

TOUNORD.

Je le crois pardieu bien!

MÉTADIER.

J'aurai raison, Messieurs, d'une telle insistance.

TOUNORD.

Je voudrais demander...

MÉTADIER.

Monsieur, de ma souffrance
Vous vous faites un jeu! (Il tousse.)

EMBOURBÉS.

C'est vraiment inhumain!

ADAM (imitant la grosse voix).

(PIANO : trémolo.)

Connu!... de tourmenter un homme aussi malade.

VITAL (arrivant avec un sixième verre d'eau).

Docteur, remettez-vous!

(PIANO : air, *Allez vite, cher Basile.*)

(Il salue, éternue trois fois dans le verre et le rend sans boire. Même cérémonie. — Mazeau repousse le verre avec humeur.)

UN OUVRIER (chantant).

(PIANO : accords.)

« Le veau sur la salade
Z'ont fait mal à l'enfant! »

(On siffle.)

MAZEAU (sonnant en colère).

Ces chants et ces clameurs,
Messieurs, sont indécents! Ces sifflets, ces misères!!!

(On resiffle deux fois.)

PORTES.

(PIANO : reprend l'air de *Allez vite, cher Basile, Barbier de Séville.*)

Il peut répondre à peine aux interlocuteurs.

MÉTADIER (criant en fureur).

Ce sont des coups montés par tous mes adversaires;
(Il tousse.)
Je veux confondre ici ces vils accusateurs!

(Il tousse longtemps. — Le PIANO l'accompagne toujours sur l'air *Allez vite, cher Basile...*)

LE PUBLIC.

Assez!...

MÉTADIER (sans voix).

J'ai terminé. J'ai toute confiance;
Vous voterez tous (ap!), tous (ap!) pour un homme souffrant
Qui ne peut s'exprimer! (apchoun!) Mais que la malveillance
Veut vous faire passer pour faux intransigeant.
(Il tousse. — Le piano entonne *la Marseillaise.*)
Je ne puis terminer (ap!) la séance publique (ap...ap...choun!)
Sans crier avec vous : (ap!) Vive la République! (apchoun, apchoun.)

(PIANO : *La Marseillaise* jusqu'à la fin.)

LE PUBLIC.

Oui!... Non!... Vive Blanqui! Blanqui! Vive Blanqui!

(Bol de tisane.)

(Vital porte un bol de tisane. — Métadier refuse en toussant ; il insiste.)

MAZEAU (sonne).

Terminons par ces mots la séance publique :
(Vital rapporte la tasse. — Mazeau furieux renverse tous les verres et la tasse en criant :)
A bas Lavertujon! Vive la République!

(Tumulte ; les électeurs se battent.)

LE PUBLIC.

Coco... coqueriqui! Coco... coqueriqui!
Vivent les communards! Vive la République!
Vive Blanqui! Blanqui! Blanqui! Vive Blanqui

(On applaudit. — Métadier tousse. — Mazeau sonne. — Le rideau baisse. — On siffle.)

TROISIÈME TABLEAU

La scène représente une salle électorale garnie de proclamations, professions de foi, noms des candidats, protestations, etc.

TOUS, plus GUÉPIN, GOUDAL, SOURBÉ.

Le Bureau est composé du général SAHUQUÉ, président; à gauche, VITAL; à droite, EMBOURBÉS, comme assesseurs.

Le piano joue la *Marche des flambeaux*.

Quelques électeurs se succèdent devant l'urne.

LE GÉNÉRAL, debout, reçoit les votes, dit : Merci, citoyen! et salue gravement chaque électeur.

Quand des bulletins Lavertujon se présentent, il reste muet et se redresse furieux. — Chaque vote est déposé dans une immense soupière, dont il lève chaque fois le couvercle.

TOUCHET porte la bannière du Cercle de l'Avenir avec le nom de Métadier en lettres d'or.

SOURBÉ (lunettes bleues) vote pour Bernard.

PRUDHOMME paraît; il s'incline devant chaque membre du

Bureau et dépose lentement son bulletin, après s'être bruyamment mouché trois fois. « Cette urne, dit-il, est le plus beau jour de ma vie. » (On applaudit.)

Goudal, en canotier, cigare aux lèvres, donne son suffrage à Rothschild.

Mazeau dépose son bulletin.

Sahuqué cède le fauteuil à Mazeau et jette comme dans une balance un bulletin de Blanqui, en s'écriant : « Soyons victorieux! » (Applaudissements.) — Quelques électeurs lui succèdent.

Adam et Kreller votent tous deux sans saluer Mazeau, qui s'incline deux fois. Mazeau, vexé, leur tourne le dos.

Portes arrive en courant comme un taureau; s'adressant au bureau : « Ce sont tous des vendus! » (Applaudissements.) (1)

Favre de Vieunègre apparaît.

Mazeau refuse de recevoir son bulletin. — Il insiste, nouveau refus. Il se retire en gémissant :

« Ah! quel malheur pour moi, je ne vote qu'à Bruges. »

Embourbés, porteur d'un bulletin de la *Victoire,* dit gravement à Mazeau :

« La *Victoire* vaut mieux. »

Mazeau s'incline deux fois. (On applaudit.)

Gilbert-Martin, raide comme un bâton, une seringue en sautoir, vote pour Blanqui en montrant son suffrage au public.

Guépin, suivi de deux chiens bassets à longs poils, s'adres-

(1) Il remplace au bureau Embourbés qui sort précipitamment.

sant à Mazeau : Citoyen! je vous présente le révérend père Jubineau et sa très chère sœur Brigitte.

Mazeau lui arrache son bulletin et le met furibond dans l'urne.

Guépin : A votre aise, citoyen!

Lanusse élève la bannière du Cercle national, où est inscrit le nom de Lavertujon. (On siffle.)

Tounord et Lavertujon lui succèdent. (On applaudit et on hue.)

Métadier, la tête enveloppée d'un bonnet de coton, vote pour lui-même. — Il éternue trois fois dans la soupière. (Rires, applaudissements.) Il embrasse Mazeau en pleurant.

Sahuqué remplace Mazeau au bureau et l'embrasse à son tour. (On applaudit, on trépigne en criant : Vive la République, vive Blanqui!)

SIX HEURES SONNENT.

Sahuqué : Au nom de la loi, le scrutin est fermé. Sont nommés scrutateurs : Mazeau, Vital, Embourbés et Sourbé. Ces derniers dépouillent les bulletins avec frénésie.

SEPT HEURES SONNENT.

(PIANO : trémolo.)

Sahuqué se lève et lit la feuille de dépouillement :

1er TOUR.

« Au nom de la République..... »

Bernard a obtenu............	1564
Métadier.....................	1678
Lavertujon	4665
Blanqui	3698

2me TOUR.

Bernard	27
Métadier	83
Lavertujon	5330
Blanqui	6801

Le citoyen Blanqui est élu!

Le Public crie : Vive Blanqui! vive Blanqui!

CHANGEMENT A VUE.

Le piano joue *la Marseillaise*. — Une barricade apparaît, illuminée du nombre de voix de Blanqui (6801). — Le tocsin sonne; le canon se fait entendre.

Blanqui surgit du fond de la soupière, au milieu de feux de Bengale. — Le tambour bat la charge; une détonation formidable part de la barricade au cri de : Vive la Commune! vive Blanqui! — Tous les électeurs sont projetés en l'air ou sur les spectateurs, et la toile baisse.

FIN DU SECOND ET DERNIER ACTE.

www.ingramcontent.com/pod-product-compliance
Lightning Source LLC
LaVergne TN
LVHW021715230826
846091LV00006BA/2187

* 9 7 8 2 3 2 9 4 1 1 9 3 4 *